VIDAS:
Vividas sonhadas e passadas.

Vana Miletto

Capa: Isaque Lemes & Lívia Pires

DEDICATÓRIA:

Aos queridos professores, mestres e doutores:

Antonio Carlos (prof. de Artes na EMEF Gal. Vicente de Paulo Dale Coutinho-1975/78) pela dedicação, amor e carinho em cravar em minha alma o amor e a paixão pela música e pelo piano. Verdadeiro construtor de pessoas.

Maria de Fátima (prof. de História na EMEF Gal. Vicente de Paulo Dale Coutinho-1981/83) pela paixão que transbordava quando falava de história universal e do Brasil. Ela imprimiu em mim a curiosidade em pesquisar e não acreditar em tudo o que está escrito, pois sempre existem dois lados: o dos vencedores e o dos subjugados.

Glória Borges (prof. Orientadora Pedagógica na EMEF Gal. Vicente de Paulo Dale Coutinho-1981/83), por descobrir e me fazer entender que tinha sangue de professora pulsando em minhas veias e por me fazer sentir ser capaz, após escrever em meu crachá, que por sinal guardo com carinho a seguinte frase "Vana, eu jamais me perdoaria por não haver te conhecido", essa frase até hoje tem feito a diferença na minha profissão.

Prof. Abigail Alvarenga Mahoney, Maria Regina Maluf e Laurinda Ramalho do programa de Mestrado em Educação - Psicologia Educacional, PUC/SP 2006, por me introduzirem no universo da pesquisa e me fazerem ter a certeza de que eu havia feito a escolha correta.

Prof. Ediléa Braga, pela amizade, pelo carinho, pela divulgação das minhas obras, e principalmente pelos puxões de orelhas, servindo de bússola para que eu não me perdesse no caminho.

Prof. Ellen Tosti Rosante da EMEF Gal Vicente de Paulo

Dale Coutinho, pela amizade, carinho e compartilhamento dos melhores momentos de nossa escalada no magistério. Juntas estudamos, aprendemos, compartilhamos, sorrimos e choramos, tanto dos dissabores e perdas como das maiores alegrias.

Finalmente a última, porém não menos importante, mas sim fundamental nessa fase, a Prof. Claudia Vianna da Fatec de Itapetininga, pelas leituras, utilização dos meus livros, por ser minha fã número um e que com suas doces palavras e seus comentários faz com que me sinta uma poeta envaidecida.

A todos vocês, o meu agradecimento e meu afeto!

APRECIAÇÃO

Cesário de Moraes Leonel Ferreira
Prof. Fatec de Itapetininga/SP
Doutor em Educação – FEUSP

É com imensa satisfação que faço uma apreciação deste livro de poesias da nossa querida fatecana, Vana Miletto, uma pessoa cuja sensibilidade conquista todos a sua volta. Tendo recebido o dom da inspiração em misturar palavras trazendo-lhes sentido das vivências de seu tempo, a autora consegue encantar pelo estilo da escrita que, embora clássico, se faz entender pelas pessoas mais simples, pelo fato de retratar a realidade com sentimentos que todos vivenciam no cotidiano.

Percebe-se, neste livro, as temáticas mais marcantes que a autora reporta sendo a primeira, já traduzida no "Lembranças: primeiras poesias", os sentimentos reprimidos pela ausência prematura da querida mãezinha, quando o leitor vai sentir as emoções do entrelaçamento mãe e filha, latentes e explícitos, cujas comparações acabam por determinar a dependência que a filha mantém da presença materna. Eis um motivo para transformação da alma provocando um estado de tristeza que, por vezes, tira a vontade de viver quando a saudade martiriza a alma no dia-a-dia. Mas, é através do sonho que, a espera infinita pela presença de quem não pode mais estar entre nós, acaba se tornando uma realidade fugaz. A genialidade da autora, por vezes, trata a solidão e a angústia da perda como algo que não é definido pelo gênero. Neste caso, a ausência materna pode ser entendida como ausência de qualquer outro bem querer.

Na segunda temática, "os amores", a autora faz uma descrição do que seja amar alguém de modo concreto, intenso mostrando que existem momentos da vida em que as decisões não são nossas. O que acontece, muitas vezes, é força do destino. Perder os sonhos, seja qual for o momento da vida, sempre traz angústia e pesar, em especial os sonhos de menina, dos amores ainda não vividos, que se traduzem em mergulho numa solidão imensa. Perder os sonhos é possível, porém a esperança jamais. Impressiona, no entanto, o modo como a autora trata a condição do amor aplicada a uma pessoa que não se explica, necessariamente, por ser o companheiro conjugal ou, um outro, seja materno, paterno ou fraterno, pois o amor está sempre colocado como um sentimento superior, que se aplica a qualquer caso, conforme o sinta o leitor. Quem ama, incondicionalmente, tem medo de um dia perder esse amor ou, entre outras coisas, a sensibilidade por tudo aquilo que o reforça.

A terceira temática que reconheço neste livro é a "paixão", um sentimento que nem sempre identifica o tipo de amor a que se presta: maternal, fraternal conjugal... não importa. O sentimento de que trata a autora é de pureza infinita, de quem não tem limites para amar, que ama de forma incondicional. A paixão pela pessoa amada vai além da esfera sentimental e se fixa na visão do corpo por inteiro, embora se revele, ainda, amor Platônico. O amor interpretado na loucura da paixão, entorpece, inebria a ponto de os sentimentos provocarem uma ilusão no cérebro, a confusão do real e do imaginário, do sonho e do desejo.

A quarta temática, provavelmente, seja uma consequência do momento em que vive a autora, de estudos num curso superior de tecnologia, são as questões de "dualidade". Dois mundos a que estamos sujeitos carregam as polaridades da vida: razão e sentimento, bem e mal, amor e ódio, ter e ser. A autora contrapõe essas polaridades de modo sensível, mostrando a dualidade característica dos humanos. A transformação cotidiana da noite pelo dia, do inverno pela primavera, traz aos olhos a beleza e a magnitude da natureza renovada que, sentidas no próprio corpo as mudanças do clima, apontam detalhes de uma rotina cheia de imagens que revelam a presença de Deus.

Além desses quatro temas trabalhados de maneira intensa

pela autora, sua versatilidade e inspiração são suficientemente fortes para que ela não tenha limites para se fixar em apenas este ou aquele tema, brindando o leitor com os mais variados assuntos, alguns polêmicos, inclusive, como é o caso da espiritualidade. Sem atinar para a existência de uma determinada doutrina, a autora admite o plano espiritual em que todo ser humano vai estar presente diante do seu Criador. A autora revela a sabedoria e maturidade do seu espírito, a intensidade da consciência de que Deus sabe o que faz, que nada é por acaso e que o amor incondicional é a única forma de bem viver. Viver sob os preceitos da fé nesse Deus é entender que só o amor nos traz felicidade plena.

Entre os diversos outros temas, a autora homenageia alguns de seus professores com poesias criadas a partir de suas aulas e, devo confessar, sinto-me lisonjeado, pois a partir de uma aula de Estatística, referindo-me aos aparelhos de medição, fui um dos homenageados. Comentei, na época, sobre a Física Quântica que traduz alguns dos princípios do Pensamento Complexo, de Edgar Morin: o elétron, sendo energia e partícula, não pode ser encontrado no mesmo lugar do espaço uma segunda vez o que impede qualquer tipo de medição exata em valores quantitativos. Os mais brilhantes cientistas, neste momento, se rendem a Sócrates com a famosa "só sei que nada sei". Assim, em "quase nada" o leitor vai poder sentir a inspiração da autora traduzindo seus sentimentos sobre o que seu espírito vivenciou naquele momento, da nossa aula. Portanto, sem mais delongas, com a palavra a autora, Vana Miletto, com sua sensibilidade e inspiração para preencher nosso espírito de leveza com suas rimas de vida, vividas intensamente.

ÍNDICE

REGRESSO
MINHA MUSA
CAMAFEU
MEU ANJO
AMOR, AMOR
DOR E SENTIMENTO
VIVER
CONTABILIZAR
PIU-PIU

SEPARAÇÃO

Um olhar delicado
em um rosto sofrido,
Dos lábios serenos
um sorriso sem fim,
um abraço apertado
aconchego enfim.
Uma fala tão calma
que saia da alma,
Uma doce canção
vinda do coração.
Nos seus braços a embalar,
um corpo pequeno fazia ninar.
O tempo passou
A criança cresceu,
A mente não cansou
Mas o corpo envelheceu.
A mãe batalhou
E a criança viveu.
Em suave melodia
ambas viviam,
Sem medo da vida
as almas queridas
viveram seus dias
como se últimos fossem.
Sem saber no entanto
que a vida o seu canto
um dia calaria.
Pois o Anjo da Morte

ao seu encontro viria,
Com firme propósito
de sua alma levar.
Sem dó nem piedade,
as duas ele iria
por fim separar.
Uma iria,
porem, outra ficaria.
E assim
a escolha foi feita.
Uma então partiu,
mas aquela que ficou,
seu sorriso não mais se viu.
Uma era o céu
e a outra o chão.
Uma os pés,
a outra as mãos.
Uma o sentimento,
a outra, razão.
Uma, a dúvida
a outra o perdão.
Uma o corpo,
a outra, coração.
Uma a fala,
a outra, canção.
A que partiu
logo brilhou,
A que ficou,
para sempre
se apagou.

CACOS

Ouço seu canto,
no tempo a ecoar.
Sinto sua voz
suavemente chegar.
E o tempo por fim
devolve-me o brilho no olhar.
Mas tudo não passa
de sonhos noturnos,
O opaco aos olhos
decide voltar.
O ar pesado,
torna difícil o respirar.
Coração apertado
descompassado a bater,
Sem força e vontade
de continuar a viver.
As lágrimas viram cacos
de vidro a cair.
Marcando o rosto,
fazendo a alma sangrar;
apagando de vez
aquele brilho do olhar.
O grito de dor
por vez se calou.
Dilacera por dentro
o corpo acabado,
De todo rasgado
Pela dor da saudade,

sem força e vontade,
de sorrir e viver.
És agora uma alma
Vagante a sofrer
Uma alma errante,
aos poucos a morrer.

UM SONHO

O céu escureceu, um grande silêncio se fez.
Nada se ouvia naquela escuridão.
De repente um crepitar,
um sussurro talvez
ouvia-se ao longe.
A brisa fina e gelada
Parecia um prenuncio
do que seria a dor mais profunda.
No escuro véu da noite,
um vulto surgia.
Em minha direção
caminhou.
Naquele instante emudeci,
calei-me.
Era ela, simplesmente ela.
Olhou-me, sorriu,
Estendeu suas mãos,
meu rosto tocou.
No silencio da noite,
nada falou.
Ajoelhou-se,
do chão
uma pena pegou.
Levantou-a ao alto
assoprou.
E a pena, da palma da mão desprendeu-se,
solta ao ar
foi sumindo devagar.

Assim que sumiu,
ela olhou-me novamente.
Em seus braços me tomou,
Suspirou, sorriu e
partiu.
Ao longe sumindo seu vulto se via,
no espaço e no tempo dissipar-se,
até ficar somente a lembrança.
A terna lembrança
de ver-te partir.

NÓS

Movem-se as teclas
do piano da vida,
unindo os sons
das doces melodias.
A guerra e a paz,
no teclado expostas.
O dia e a noite
juntos estão.
O branco e o negro,
em justaposição.
Se misturam, se fundem
em um só movimento.
Alegria e tristeza,
juntas enfim;
melodia e beleza,
com inicio,
meio
e fim.
Noite e dia,
alegria sem par,
suave canção
nossos sonhos a embalar.
O ébano da noite,
Esparramado ao marfim.
Juntas estão
as teclas do tempo,
Vida e morte
soltas ao vento;

em suave canção
unidas estão.
Dão-se as mãos
amigas de sempre,
opostos aos olhos,
Idênticas para o tempo.
Não pensam,
somente passam,
deixando para trás
o doce acorde,
de uma vida vivida,
Intensamente movida
pelo suave barulho
Da pele e o ébano,
da pele e o marfim...
De um toque sereno
da vida e da morte
A sorrirem para mim.

AMORES

Os sonhos se perderam
em um canto qualquer.
Aquele rosto sereno
de menina mulher.
Entristecidos ficaram
no escuro a sofrer.
A perda dos sonhos
e de um bem querer.
Amor ou paixão,
não se sabe o que,
somente a dor
da saudade a bater,
Querer e não ter,
te ter e perder,
O rosto tão belo
de menina mulher
aguarda agora
a dor se aquietar.
Para em uma nova vida,
a esperança
poder voltar.

VÉU

Dois universos semelhantes,
Abrigam almas amigas,
irmãs e amantes.
Amantes da vida, da felicidade,
da paz, da alegria e do amor.
Amor que transcende para outras dimensões,
Amor no mais puro auge do seu esplendor.
Pequenas diferenças entre eles;
pequenas e simples.
O lá e o aqui,
O aqui e o lá.
o aqui do ser, do ter;
e o lá do sentir.
Aqui somos pessoas, temos dores, anseios;
Temos medos e desejos;
Sonhamos, pensamos e vivemos para o trabalho
Sem nos darmos conta de que o lá nos espera.
Lá, não temos, não sonhamos;
Somente somos plenos.
Não sofremos.
Não queremos, simplesmente somos.
Aqui, somos matéria;
Lá, somos força, somos luz.
Aqui podemos ver tudo o que aqui pertence.
Lá, podemos ver tudo o que pertence ao lá e ao cá,
Lá nossa percepção não pertence ao aqui.
Aqui a percepção não alcança o lá.
O aqui e o lá, dois universos

próximos e paralelos.
Separados tão somente por um véu,
um único e fino véu
separando dois universos.
O universo do ter
e o universo do sentir.
E somente agora
eu posso ver,
o que me aguarda no porvir.

SONHOS

Amar-te eternamente é pouco;
tê-la para sempre é ilusão.
Estar sem ti é martírio;
viver sem ti é solidão.
Sonhar contigo é poesia,
tocar seu rosto é emoção.
Estar contigo é magia,
sentir seu corpo é paixão.
Ouvir seu riso é alegria,
escutar sua voz é oração.
Sentir seu abraço é estar vivo,
ganhar seus beijos é a mais terna sensação.
Adormecer em seus braços é acalento,
acordar ao seu lado é calor.
Ser só teu é desejo,
querer-te sempre ao meu lado é amor.

CARREGAR-TE-EI

Sou como a água
que brota do chão,
levando a vida
para o seu coração.
Sou como a brisa
fina e molhada,
que cura as feridas
da sua alma cansada.
Sou como o vento,
no deserto a passar,
espalhando seu cheiro
de rosas no ar.
Sou como o sol
de verão a brilhar,
no seu rosto sereno,
no seu meigo olhar.
Sou como o clarão
da lua a iluminar,
sua estrada e seu chão,
pra você não tropeçar.
Sou como a chama
do fogo a aquecer,
suas noites de inverno
pra você não sofrer.
Sou como a chuva
do céu a cair,
para fazer da sua vida
um jardim a florir.

Sou o seu barco
nas águas a navegar,
para em seus dias de dores,
seu corpo amparar.
Sou seu Anjo
Seu fiel protetor,
Sou o seu Deus,
o teu guardador;
para no dia
em que seu corpo cansar
e não mais poderes andar;
em meu colo te pegarei,
Vou te carregar!
Fecharei os seus olhos
e com o amor mais profundo,
te tirarei desse mundo
e ao paraíso irei te levar
para eternamente o teu ser
ao meu lado viver.

Homenagem à Sra Lidia de Oliveira Silva, que presenteou todos os seus familiares com sua presença por quase 91 anos, brindando-os com seu sorriso, seus abraços e seu amor. (*22-10-1923 **05-07-2014)

ESTOU AQUI

Quando tristes estiveres
olhe para o alto dos céus,
Escolha a estrela que quiseres
e ela para ti eu serei.
Estarei a brilhar,
para ver os seus olhos
de vez se alegrar.
Quando quiseres chorar
recoste sua cabeça
em um canto qualquer.
Serei seu ombro
seu abraço amigo,
devolverei para ti,
seu sorriso de mulher.
Quando frio sentir
feche os olhos e sinta
meu aconchego e calor,
meu abraço, meu colo.
Dar-te-ei todo meu amor.
Quando se sentires tão só,
torne o céu a olhar,
então lá eu estarei
por ti a zelar.

SERÁS O QUE QUISER

Sou o céu, sou a terra,
sou o fogo, a água e o ar.
Sou o calor que aquece,
sua vida, seu corpo e seu lar.
Sou o amor escondido
em seu coração.
Sou o sentimento profundo,
sou a sua oração.
Sou o sangue que percorre
seu corpo e seu ser,
sou a vida que nunca morre,
basta você crer.
Sou sua tristeza e sua alegria,
sou seu choro e seu riso,
Suas lágrimas eu enxugo,
sou o teu grande amigo.
Sou teu corpo,
tua alma,
sou o teu coração,
sou seus olhos, sua fala,
sou a tua razão.
Sou teu sentimento,
teu guia,
sou teu mestre e inspiração.
Sou tua pele,
sou tua essência,
sou a tua canção.
Sou teu corpo, teu tudo.

Dos átomos sou a junção.
Sou o amor e o ódio,
Em suas veias a correr,
Sou seu bem e o seu mal,
É só você escolher.

DEIXE-ME

Despertei-me tão somente por ti!
O sono era profundo,
Mas ao ouvir o seu chamado despertei.
Ouvi seu choro e seu lamento,
Isso entristeceu-me
Sua tristeza e lamento me prendem aqui.
Deixe-me partir!
Sinto saudades de nossas vidas,
Mas sou feliz onde estou.
Não sinto dores, tristezas e rancores;
Só paz e harmonia.
Amo-te imensamente!
Mas meu lugar não é mais aqui.
Estou ao lado do meu Criador,
Arquiteto e formador.
Saiba que toda criatura
Um dia retorna para junto do seu construtor.
Eles sempre acabam juntos!
E como bom filho
Também sempre retornamos
Para a casa do Pai.
Fui feliz aqui,
Mas sou muito mais aonde estou agora.
Todo o amor que aqui eu dispensei
Estou recebendo de volta agora
Nesse novo lar.
De ti, carrego todo amor e carinho
que de graça me destes

E deixo também todo meu amor.
E em nome desse amor peço-te:
Deixe-me ir!

O ESPETÁCULO

O frio surgiu de repente,
A negra e escura noite anunciava
O frio da madrugada.
A chuva fina cai lentamente
E no véu da noite
O lamento se fez ouvir.
A chuva caia como lágrimas de um triste pesar;
Era como se fosse o tempo
Por ti a chorar.
O vento frio no silencio da noite
Rugia como um bravo leão
Que sentia a dor da lança
a transpassar seu peito!
Pareciam eternas
A chuva e o vento,
A dor e o lamento.
A noite e o tempo!
Por fim, o Sol aparece
Como num passe de mágica,
O dia tão claro como o branco da neve,
Trazia por fim as boas novas.
E num lindo espetáculo,
Vejo os galhos do Ipê
Já sem flores,
Porém, com discretas e pequenas
Folhas verdes surgindo
E magistralmente percebo
os traços da realeza

no tronco central do Ipê,
numa altura distante de minhas mãos
um espetáculo da natureza,
a orquídea mais bela!
Majestosa ali estava,
Única e altiva.
E eu com minha humilde pequenez
Sorri e a reverenciei
Por tamanha beleza.
Esqueci naquele momento
o frio da noite,
O lamento do tempo,
O barulho do vento.
Só tive olhos para ela!

MANHÃ

Ele lutava ardentemente para sair,
Embora fossem rotineiras as suas manhãs.
Lutava, porém suas tentativas pareciam em vão.
Seus discretos raios tentavam em meio a névoa surgir.
Mas a manhã de inverno o sufocava.
Sufocava com tamanha força, que sua beleza
Magistral parecia se esconder.
Percebi que ali se travava uma batalha;
Calor e frio disputando um único espaço,
Meu corpo tremia,
Porém meus olhos se encantaram com a mágica paisagem;
O corpo lutava para se aquecer com as
Poucas réstias dos seus ofuscantes, porém, escondidos raios.
Os olhos brilhavam por tamanha beleza,
A imensa névoa cobria toda a vegetação,
Pequenas copas verdes se viam em meio ao branco da neblina,
Que com tamanha força não queria se dissipar.
Seu esforço era louvável...
Mas enfim,
O grande astro do dia foi persistente.
A paisagem ainda mais bela ficou,
Pareciam flechas douradas do céu a cair
Em meio ao branco que cada vez mais
Destacava o discreto verde das copas.
Em uma fração de segundos,
O tempo implacável fez dos raios
Os riscos dourados mais belos;
Fez da névoa um transparente véu

A dissipar discretamente entre folhas, troncos, galhos
De grandes e belas árvores nativas.
Fez do frio, um suave calor,
Fez da paisagem a mais pura expressão
do amor de Deus impresso
no tempo,
na paisagem,
no vento,
no Sol
e
em
meu
minúsculo
ser.

APENAS SINTA

Feche os olhos por um minuto apenas,
Deixe a leveza do vento te seduzir;
Sinta o toque suave do ar o seu rosto tocar,
Como a seda macia que toca o corpo de um anjo no ar.
Sinta a suavidade do vento tua pele alcançar.

E da pele ao vento.
Vento, tempo,
Tempo, vento.
Pele ao vento
No sabor do tempo.

Feche os olhos por um minuto apenas,
Deixe o calor do Sol te encantar.
Sinta o calor, a tua alma aquecer,
Como um toque suave em sua vida renascer.
Sinta o calor imprimir mais vida em teu ser.

Sinta a luz do amanhecer
Enriquecer seu viver,
Aquecer teu ser
E ser
o seu bem querer.

Feche os olhos por um minuto apenas e deixe
A alma sedenta o espírito libertar,
Libertar aquele que preso puder estar
para a paz da alma o espírito alcançar
e sentir o êxtase da leveza sem par.

Da alma no tempo,
Solta ao vento.
A alma do tempo
Na calma do vento,
Subir no compasso do tempo.

TE AMO

Quero estar perto,
Sinto saudades do teu cheiro.
Quero ganhar seus abraços ternos,
Dormir em seu peito, como se fosse meu travesseiro.
Extrair do seu beijo o mais doce sabor,
Sentir minha pele tocar seu corpo,
Unir-me ao seu doce calor.
Ouvi-lo falar do trabalho,
Afagá-lo com carinho,
Deitá-lo no assoalho,
Fazer amor em seu ninho.
Depois inebriar-me com seus beijos,
Recostar-me em seu regaço,
Saciar todo meu desejo.
Unir-me novamente a ti feito laço,
Desejar-te ardentemente,
Senti-lo em meu ser,
Amar-te desmedidamente
E ter somente para mim
O teu bem querer.

CAUSA E EFEITO

A dor pode ser causa
Ou simplesmente um efeito,
Dilacera e fere a alma
Tirando a vida de dentro do peito.
Se a causa ela for, o efeito é a solidão,
Pela ausência de um amor
Que preencha o coração.
E se a dor for um efeito
Da ausência desse amor,
Imprimindo de qualquer jeito
A saudade e desmedida dor?
Serei eu pobre vagante,
Andarilho sem destino.
No mundo, mais um errante
Sem um norte e um caminho.
Perdido a sofrer
Nas amarras do tempo.
Jogado ao vento,
Sentindo a dor
Da ausência desse amor.

AINDA TE ESPERO

A chama do lampião ainda esta acesa,
A tarde esta chegando ao fim.
Sinto a brisa fina e molhada,
Sonho com seu rosto sorrindo para mim.

Mais uma noite eu durmo,
Sem saber se você vai voltar.
Sonho com você todas as noites,
Espero ansioso o seu regressar.

No dia em que fostes embora,
Deixou seu perfume no ar.
Impregnou meu mundo e meu ser
E agora o que me resta é te esperar.

A chama do lampião continua acesa,
Mais uma tarde chegando ao fim.
Sinto a brisa fina e molhada,
E espero você voltar para mim.

NOVO REI

Novelo rolando,
Tapete no chão.
Criança brincando.
Gatinho não!
Observa Marquinhos,
Descansa gatinho.
O rei da poltrona
Foi destronado,
Feliz e altivo
O gato danado,
Feito camaleão
Perdeu-se calado.
Misturou-se à paisagem,
Seu pelo e miado.
Não é pintura
Nem tão pouco miragem,
O gato danado
Virou a paisagem
E do sofá é o rei.
Cuidado Marquinhos,
Agora eu bem sei
Que outrora fostes rei,
Mas perdeste portanto,
Seu trono adorado,
Que agora pertence
Ao gato danado.

(Homenagem ao gato do amigo Marcos)

MEDO

Tenho medo!
Sim, tenho medo!
Medo de não mais poder enxergar,
Não mais enxergar a beleza
Da areia, das praias e do mar.

Sinto medo!
Sim, sinto medo!
Medo de não mais poder escutar,
Não mais escutar os sons
Do barulho das ondas do mar.

Tenho medo!
Sim, tenho medo!
Medo de não mais poder ver,
Ver a beleza das estrelas e da lua
Se minha vista escurecer.

Sinto medo!
Sim, sinto medo!
Medo de não poder mais ouvir
O barulho suave dos ventos
Batendo em seus lábios, te fazendo sorrir.

DESEJOS

Se o amor fosse os quatro elementos,
A água, o fogo,
a terra e o ar.
Seria eu um Anjo Cupido
E a todos iria flechar.
Como o fogo o amor se assemelha,
Transforma com seu calor,
Almas famintas, corpos sedentos.
Amor, calor, amor.
Também comparado ao ar,
Toma conta e invade teu ser
E no desejo do amor só se pensa,
Querer, ter, querer.
Como água também se parece
E a sede se quer aplacar,
Na angustia e no âmago do desejo,
De amar, saciar, amar.
Como a terra, parecido assim o é,
É firme e do lugar não quer sair,
O desejo é ardente e forte,
possuir, sorrir, possuir.
O fogo a alma aquece
e o corpo só quer se juntar.
Unir-se ao seu novamente,
amar, amar, amar.
A água, do amor sacia a sede,
Tal qual beduíno no deserto a buscar,
O desejo, a fome sedenta

Saciar, saciar, saciar.
O ar envolvente te faz respirar,
O desejo e a fome invadem teu ser,
É impossível de controlar.
Querer, querer querer.
A terra, mãe firme valente,
É ela que vai me abraçar.
O corpo estremece e acelera o respirar
E eu só quero,
Me perder
Em teu ser meu querer.
Te amar,
Amar,
Amar...

"QUASE NADA"

À sombra do abacateiro
Meu pensamento se pôs a divagar,
Meus olhos viam tantas belezas
E a mente se pôs a trabalhar.
A imaginação viajou pelo tempo
Na tentativa de versos criar,
As mãos se puseram a escrever,
Pra finalmente a rima se materializar.
Observei o céu, as nuvens e as plantas,
senti o vento minha pele tocar;
Senti a efemeridade do tempo,
de como em uma fração de segundos
Toda a paisagem pudesse mudar.
Ali à sombra do abacateiro eu estava,
Entre os insetos e grandes árvores a me sombrear.
Enquanto tudo observava
Me pus novamente a pensar;
Será que tinha um ser superior
Que do alto pudesse me observar?
Diante de insetos e plantas pequenas,
Me senti um gigante no mundo,
Era eu o ser dominante
de um outro ser superior oriundo.
Continuei a paisagem contemplar,
Para o alto me pus a olhar.
Percebi então que eu era
Uma fagulha de pó, solta no ar.
Diante do Cosmo imenso e belo,

Alguém lá do alto deve pensar:
Que ser tão pequeno é esse
Que acha o mundo poder dominar?
Imaginei-me posta diante de uma escala
em forma de pirâmide com números a destacar,
Humildemente abaixei a cabeça,
Percebi que no topo jamais eu iria estar.
Fiquei olhando os números,
Em seguida me pus a contar.
Estava eu, na escala negativa,
Abaixo do inseto e das areias do mar.
Solta, jogada ao vento;
Dominada pela grandeza do tempo,
da natureza,
do universo e
da força
do ar.

Inspirada na aula de Estatística, ministrada pelo prof. Dr. Cesário Leonel Ferreira, da Faculdade de Tecnologia de Itapetininga, no Curso de Comércio Exterior.

INIMIGO

Aparece de repente
No escuro e na solidão.
Aperta o peito
e a dor se sente,
Descompassa o coração.
A angustia toma o corpo,
Os olhos enxergam o que não existe.
A figura toma forma,
Vai crescendo e forte avança.
Vindo em nossa direção,
Mesmo que se respire fundo,
Ele vem na contramão.
Te assombra e quase te afunda
Na mais tenebrosa escuridão.
Temor e tremor se fundem,
Voz se cala, pernas param.
Olhos se fecham e desejam
Apagar aquele momento,
Bani-lo de uma vez
Do profundo pensamento.
Pois contamina por completo
o seu discernimento.
Cego ele fica,
Bestamente ele age.
Toma conta,
domestica
E o corpo não mais reage.

LENTES

Me aproximo de ti,
E não mais te vejo;
Me afasto de ti
E você se dissipa no ar.
Curioso o fato de tão perto de ti eu estar,
E quanto mais me aproximo,
Não consigo te tocar.
Vou entrando de mansinho,
Passo a passo, com cuidado.
Em entranhas tão sagradas,
Fio a fio, camada por camada.
Me perco entre teias que se movem velozmente
Diante dos meus olhos,
Registrados em minha mente.
Decidi por me afastar,
Mas a mente trabalhava
E os olhos registravam
Os caminhos por onde passava.
Quando fora eu fiquei,
Nitidamente eu te vi.
O mágico caminho percorrido
Jamais me esqueci.
Porém, mais distante me afastei
E de longe pude ver,
A distancia era tamanha,
Que fez você no tempo se perder.

PEDACINHOS DE MIM

Tal qual uma semente,
Você apareceu.
Tomou forma em minha mente,
Ocupou o peito meu.
O tempo foi passando,
E em meu corpo você foi crescendo.
A semente foi mudando
Partes novas foram surgindo.
Alma, espírito,
Corpo e mente.
Braços, pernas,
Quase gente.
Das entranhas e espaços meus,
Você assim surgiu,
Cresceu, cresceu, cresceu.
Hoje são completamente seus,
Todos os carinhos
Meus.

Homenagem aos filhos Filipe, Isaque, Arthur e Rômulo.

SUFICIENTE

Te amo o suficiente
Para deixar teu espírito partir,
Embora dilacere o peito meu,
Sei que seu mundo já não é mais aqui.

Te amo o suficiente
Para deixar sua alma brilhar,
Seja numa outra dimensão,
Seu espírito livre merece ficar.

Te amo o suficiente
Para em silencio poder chorar
E não incomodar sua evolução,
No céu ou em outro lugar.

Te amo o suficiente
Para seu rosto jamais esquecer,
Lembrar-me de seu sorriso sublime,
Sentir saudades do seu bem querer.

Te amo o suficiente
Para com Deus não mais discutir,
Acatar por fim sua vontade
E deixá-la portanto partir.

Te amo o suficiente
Para sua memória sempre respeitar,
Cuidar das nossas lembranças com carinho
E pra sempre, sempre te amar.

Te amo o suficiente
Para finalmente compreender,
Que tudo o que a Deus pertence,
Um dia nós temos que devolver!

MEU SER SUPERIOR

Não tem rosto nem cor,
Estatura ou imagem.
É apenas uma força descomunal.
Invade teu ser, te faz acreditar,
Que acima de ti existe algo maior,
Que zela por ti, que quer te guardar.
Vigia teu sono, é o teu guardião.
Se entristece quando desvia da rota,
que ele traçou em teu coração.
Mas sempre que pede
sinceramente o perdão.
Como bom pai ele sempre perdoa.
E mesmo que tornes novamente errar,
Ele jamais hesita em te perdoar.
Está sempre a postos,
não dorme e não descansa
e assim o mal jamais te alcança.
Esse pai poderoso, que habita teu ser,
Esse ser superior que forças te dá,
Para não desistir de o bem praticar.
É ele quem faz você respeitar,
A água, o fogo, a terra e o ar,
Os seres viventes
na terra a habitar.
Te faz o frescor da brisa sentir
O cheiro das flores frescas no ar.
O calor do astro rei
seu corpo esquentar,

A chuva serena do céu a cair,
Seu corpo e sua alma, a água lavar;
O dia e a noite separados ficarem,
Para no dia. você o pão batalhar
E na noite serena seu corpo descansar.
Te deu inteligência,
pernas firmes e braços capazes
de tudo fazer,
Te deu bons ouvidos e razão eficaz,
Pra você discernir e o mal de ti afastar.
Te deu boca sábia pra você não ferir
Quem precise de ti, uma palavra ouvir.
Te faz admirar o barulho do vento,
Te faz sentir o cheiro da terra,
da brisa molhada, na flor a cair.
Te cobre de bênçãos pra fazer-te sorrir.
E só pede que ame o teu semelhante
Para deixá-lo feliz e orgulhoso,
Por ser o seu pai e o seu formador
E acreditar que Jesus em vão não morreu.
Esse homem valente merece de nós, filhos errantes,
somente uma coisa:
O amor verdadeiro a ele ao seu filho
Que sua vida nos deu.
Para que nós criaturas,
pudéssemos compreender
Que somente o amor
é que nos faz viver.
E ao fim da jornada um tesouro ganhar,
Vencer a dor, a tristeza, a morte e o mal,
Ganhar passagem somente de ida
Ao seu lar celestial.
É essa então a visão que eu tenho,
De Deus o Senhor,
Meu arquiteto e pai.
Ele é a força do bem,

É a força da luz.
Habita em mim
Com seu filho Jesus.

50

SÚPLICA

Um misto de dor e saudade
Tomam conta de todo o meu ser,
O coração explode, sinto vontade de alto gritar
TE AMO!

Desesperadamente quero te encontrar.
Te procuro em todo lugar
Quero te abraçar!
ONDE VOCE ESTA?

Não sei mais o que fazer,
A saudade é imensa
Quero que saibas que
PRECISO DE TI!

A noite chega e você não vem,
Amanhece o dia e continuo só,
Sem você, parece que vou enlouquecer,
VOLTA PRA MIM!
A mente tenta enganar o coração,
Ela disfarça, camufla,
Porém a razão acorda e te diz baixinho:
Ela se foi...

Fecho os olhos e não quero acordar,
Quero pra sempre dormir
Pois é difícil viver sem você,
POR QUE PARTIU TÃO CEDO?

Estou fazendo um esforço sobre-humano
Para tentar prosseguir sem você
Juro que estou tentando,
MAS É DIFICIL!

Éramos uma dupla
Nunca te deixei fora da minha vida
E você sempre me incluiu nas sua
NÃO SEI VIVER SEM VOCÊ!

Não me programei pra ficar sem você,
Não me preparei pra te ver partir.
Essa foi a única coisa que você não me ensinou.
O QUE FAÇO AGORA?

SOLIDÃO

Sob o véu da noite escura,
No gramado a observar;
Estava eu na solidão
Tal qual canoa
A beira mar.

Eu e o vento, Sol e ar.
Eu, minha pele,
Tempo e ar,
A sofrer por ti,
Por ti chorar.

Sob o manto consagrado,
Em céu aberto a admirar;
Estrelas e lua, noite e luar
E eu sozinha
a te esperar.

Eu e o frio,
O frio e o ar;
O frio do ar
No meu olhar
A te esperar.

Sob a névoa da neblina a beira mar,
Na madrugada fria a chorar;
Querer seu ombro e nos seus braços
Me aquecer e te afagar,
Ouvir sua voz a me chamar.

Eu e o tempo,
O tempo e o mar,
Em meio a lágrimas
A me afogar,
continuo a chorar.

Sob o silencio da noite escura,
O meu murmúrio se faz calar;
Mas o sussurro é persistente
Dá pra ouvir o meu pesar,
Sem seu acalanto a me acalmar.

A solidão e o penar,
O meu sussurro
Não quer calar.
Eu continuo
A chorar.

REGRESSO

Quando eu retornar
Quero ficar junto a ti,
Quero ouvir os versos teus,
Quero que seja assim!
Quando para casa eu regressar
Quer vê-la no portão,
Para na chegada você me abraçar.
Quero saciar a saudade que assola o coração.

Quando você regressar,
Não vou deixá-lo partir vou simplesmente
De ti cuidar
E da minha vida não vai mais sair.
Porém, se a saudade em ti brotar,
E minha falta você sentir,
Tente rápido para casa voltar,
Pois talvez, não me vejas mais aqui.

MINHA MUSA

Seu olhar brilha forte,
Não consigo resistir;
Faça-me então o convite
E assim não vou partir.
Seu sorriso me convida
Pra roubar um beijo teu,
Sinto sede dos seus lábios,
Quero dar-te os carinhos meus.
O seu rosto tão suave
Feito pele de menina,
Ao olhar-te meus olhos transbordam
Feito água de uma mina.
Suas mãos tão delicadas,
Vem em minha direção,
Ao tocar os lábios meus
Atingem o meu coração.
O seu corpo mais parece
Majestoso violino,
Afloram todos meus desejos
Feito sede de um felino.
O seu cheiro perfumado,
Da mais bela e doce flor,
Deixa meu coração disparado,
Me preenchem de amor.
Sua voz suave, soa
Feito acordes de violão,
Meu desejo e de entregar-te
Por inteiro o coração.

Por onde ando eu só vejo
O seu rosto a me olhar,
Venha logo sem demora
Em meus braços se entregar.

57

CAMAFEU

Ao cair da noite eu sinto
Suas mãos a me tocar,
És sonhos ou desejos?
Não sei mais o que pensar!
Ouço sua voz, seu canto,
Parece perto de mim estar,
És desejo ou loucura?
Quero seu nome, alto gritar!
O seu cheiro ficou cravado
Nas entranhas do meu ser,
Na memória bem guardado,
Sê pois tu, o meu bem querer.
Meu coração é um camafeu
Dois retratos cabem aqui
É somente você e eu,
O seu rosto coladinho
bem pertinho junto ao meu.

MEU ANJO

Se eu fosse uma estrela
A enfeitar a imensidão,
Trataria sem demora
De iluminar seu coração.

Se eu fosse o Astro rei
Faria a terra parar,
Ficaria em sua direção,
Pra seu sorriso iluminar.

Se eu fosse uma nascente
E você um Serafim,
Molharia suas asas,
Para não fugires de mim.

Se eu fosse o guardião
Dos céus e dos jardins,
Tu serias a maestrina
De um coral de querubins.

Se eu fosse uma rosa
E tu frágil botão,
dar-te-ia toda minha seiva
Só pra entrar em seu coração.

O que mais queres que eu diga
Para ter o seu calor?
Será que não sou digno
De merecer o seu amor?

AMOR, AMOR

O amor não tem idade
Não tem raça e religião,
Não escolhe cor nem aparência
Mas penetra o coração.

O amor não tem tamanho,
Desmedido assim se faz.
Toma conta de corpo e alma,
Te deixando na mais completa paz.

O amor não envelhece,
Eternamente ele é criança,
Preenche toda uma vida,
De sonhos e esperança.

O amor não se envaidece,
Não se enche de furor,
Tua alma não entristece,
É somente amor, amor, amor.

DOR E SENTIMENTO

A cada dor que experimentamos
Um sentimento diferente vai surgindo
E quando menos percebemos,
Fronteiras e portais vão se abrindo.
A dor da ausência, faz a saudade nascer;
já a dor da presença,
faz o amor se esquecer.
A dor da perda deixa o amor adoentado,
Dilacera e fere a alma
E deixa o outro acorrentado,
Acorrentado nas amarras de um mundo já não mais seu,
Te segurando dia após dia
ao mundo que outrora já foi teu.
A dor da distancia enche a alma de esperanças,
Esperanças de reencontrar o que já lhe pertenceu.
A dor da demora Judia por inteiro
De todo o coração,
Te enchendo de ansiedade
Adoentando a emoção.
A dor da pressa parece ser até normal,
Mas não se engane nobre alma,
Ela desencadeia um sentimento que lhe faz muito mal.
Fazes tudo atropeladamente, perde-se a calma,
Estragas tudo no final.
Porém existe ainda uma outra dor
Terrível e mortal.
Uma dor que mortifica e é difícil de curar,
Pois ela simboliza aquilo que não foi corrigido;

E quando de fato se apresenta,
te lança na face os erros cometidos.
O mais triste é perceber que aquele que feriu,
aqui não mais está.
E o tempo implacável não te devolve
o que no tempo se perdeu,
Te deixando a opção da tristeza inigualável,
Por trazer à consciência os males que causou,
As dores provocadas pelo julgamento mui volúvel;
Pelas autoestimas destruídas, pela mão que não estendeu
Ao coitado do amigo que queria
apenas um conselho seu.
Pelas lágrimas derramadas, por ofensa proferida
Pela alma entristecida
Que feristes sem piedade,
Pela ajuda que negou,
Pela falta de honestidade.
E por fim essa dor ter leva a mais profunda depressão,
O remorso sem dó e sem piedade
mortifica o coração.
Existe outra dor que a todos vivifica
É dor do arrependimento que te leva à sensatez,
Pois avisa a consciência que você exagerou,
Faz a razão e consciência acordarem por vez
E como um filme longo e reflexivo,
as cenas do passado
Te faz sobriamente recordar,
Para finalmente enxergar os erros cometidos.
E de todo mal que causou lhe dá a chance de reparar,
Para no momento mais especial
Que é a sua despedida,
nenhuma pendência para trás ficar.
E você poder em outra dimensão
Ver seu corpo se transformar
e seu espírito,
livre e leve poder se libertar.

VIVER

Às vezes me pergunto
O que vim fazer aqui.
Mundo cheio de incoerências,
Parece até que eu não sou daqui.
Fico sempre a questionar
Qual será a razão da vida.
Será ela uma forma por Deus bem escolhida
Para o homem purificar
Falhas e erros de outras vidas?
O que é a vida afinal?
Qual o sentido do sofrimento?
Qual o sentido da dor?
Qual o sentido da morte?
Por que nascemos e depois morremos?
É difícil entender, pior talvez seja explicar
Que a vida nada mais é do que um corpo a fenecer,
e a morte, um novo despertar,
Numa outra dimensão, para um novo renascer.
Vida e morte são irmãs separadas por um véu,
Cada qual em seu espaço,
Sabem a hora e o lugar,
em adormecer e despertar
De dormir e aqui não acordar,
Ou então de acordar e
estranhamente perceber
Estar em outro tempo e outro lugar,
Outro corpo, outro ser.
Ser de Deus a singeleza

>   criatura angelical,
> portadora de uma alma
> simplesmente imortal.

CONTABILIZAR

Em Alto mar,
Olho o mar,
Ouço o mar,
Quero o mar.
Ouço suas explicações como se fossem o som
Das ondas da areia na praia.
Sua voz ecoa como águas, batendo e fixando sua marca
Nas madeiras do cais.
Os cálculos se transformam em números a bailar;
Minha mente até então confusa,
Começa a trabalhar.
E em suas contas minha cabeça,
Se põem a calcular.
O balanço das águas, faz a canoa do pensamento navegar
E preocupada com o balanço, me disponho a estudar.
O Ativo e o Passivo, já consigo diferenciar.
Positivo e negativo, já sei calcular.
Cheques e espécies, eu já sei onde guardar.
Duplicatas e impostos, também aprendi a pagar
E na hora de utilizar o dinheiro, já sei de onde retirar.
O banco, deixo quieto num canto, para depósitos
e lucros eu guardar.
Na hora do aperto, agora sei que é do caixa que vou buscar.
O meu Patrimônio Líquido e Bruto, eu já consigo equilibrar;
E assim meu Patrimônio, sei bem como aumentar.
Meu patrimônio bruto, sei que são bens e direitos
Que na coluna da esquerda vão ficar
E o Patrimônio Líquido é só os bens e direitos eu somar e

No final das contas, as obrigações eu descontar.
A origem do dinheiro eu já sei enumerar e
Na hora de montar as razonetes, os números e saldos,
Não esquecerei de anotar;
Muito menos em qual lado cada qual eu colocar
Para no dia da prova os meus pontos positivos, você não retirar.
Ressalto caro mestre, que os Bens móveis eu posso deslocar
E os Bens imóveis, do lugar não posso tirar.
Os tangíveis e intangíveis também sei diferenciar;
Tangíveis, sei que posso neles tocar;
Porém os intangíveis, são as marcas, patentes e franquias
que não posso apalpar.
Acrescento que Capital de Terceiros,
É todo aquele que financiei, ainda devo e não terminei de pagar.
Meu Capital Próprio, a terceiros não vou entregar,
Valores e bens por Direito, é todo bem,
espécie e dividas que devem a mim e ainda vão pagar.
Receitas e despesas eu também sei onde alocar;
Fique certo caro mestre
Que o Ponto de Equilíbrio eu sei encontrar,
Pois certamente no vermelho é que não vou ficar.
Agora caro mestre, somente para finalizar,
Pensarei sempre em suas aulas todas as vezes que ficar,
A olhar o mar,
Em alto mar,
Ou a beira mar!
Obrigada
Altimar

PIU-PIU

"apelido carinhoso"

Olhar seu rosto em sonhos
É como estar no paraíso,
Ganhar um abraço teu
É tudo o que preciso.
Pensei que de mim se esquecestes,
Mas, por fim apareceu.
Abraçou-me docemente,
Curastes as feridas que outrora em mim doeu.
Saudades sempre eu sinto,
Do seu sorriso e seu olhar.
A ausência física é doída,
Não tem como não chorar.
Toda vez que fico triste
Tento nos bons momentos me apegar,
Me recordo da infância,
Do seu jeito e do seu cuidar.
Dos vestidos de chita que fazias,
Para meu corpo enfeitar.
Das trancinhas e presilhas
Para na escola eu estudar.
Me ensinastes tantas coisas:
Pintar panos de prato e a tricotar,
Me ensinou fazer crochê,
Também ensinou a bordar.
Me ensinou a fazer contas,
Também lavar, cozinhar e passar.
Ensinastes a cuidar da casa,

A ser mãe e dona do lar.
Sentiu tamanho orgulho,
Quando professora me formei,
Cuidou de mim e dos meus filhos.
E assim eu estudei.
Me ensinastes a fazer tudo,
A amar e te querer,
Só não conseguiu me ensinar,
Sem a tua presença sobreviver.
Mas enfim,
com a sua ausência física,
Embora dilacere o coração,
Acabastes por se transformar,
Na mais doce inspiração.